**Bilder und Texte
Ansgar van Zeul**

herausgegeben von
Manfred Hartmann

Ansgar van Zeul

Karl hat verwundet sich mit einem scharfen Messer

Bilder und Texte
zur Vertiefung und Erbauung

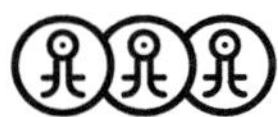

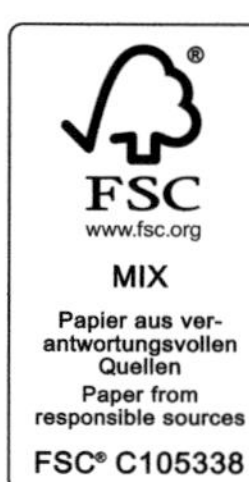

Bibliografische Information
der Deutschen Nationalbibliothek

Die Deutsche Nationalbibliothek
verzeichnet diese Publikation in der
Deutschen Nationalbibliografie;
detaillierte bibliografische Daten sind
im Internet über www.dnb.de abrufbar.

© Manfred Hartmann 2014
www.hartwork.co

Herstellung und Verlag:
BoD – Books on Demand, Norderstedt

ISBN 978 3 734 738029

In allem was Du tust, laß einen Rest.
Gelingt Dir etwas, treib es nicht zu weit.

Chu Hsi (* 1130; † 1200)

EINS und ACHT
sind NEUN,

sechs und
VIER S

Fünf und Zwei
sind
Sieben

nd ZEHN.

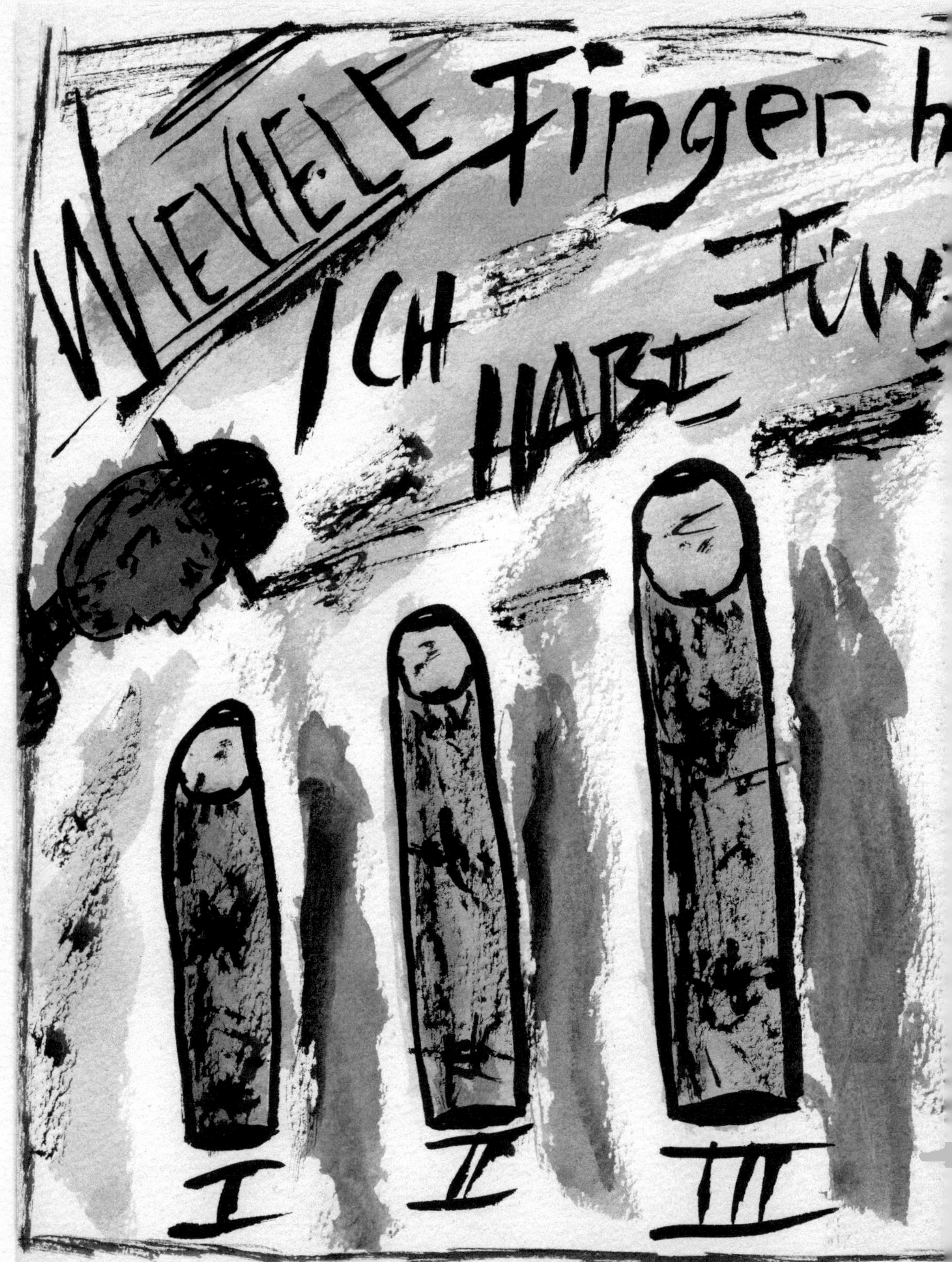

WIEVIELE Finger h
ICH HABE FÜN
HABE
I
II
III

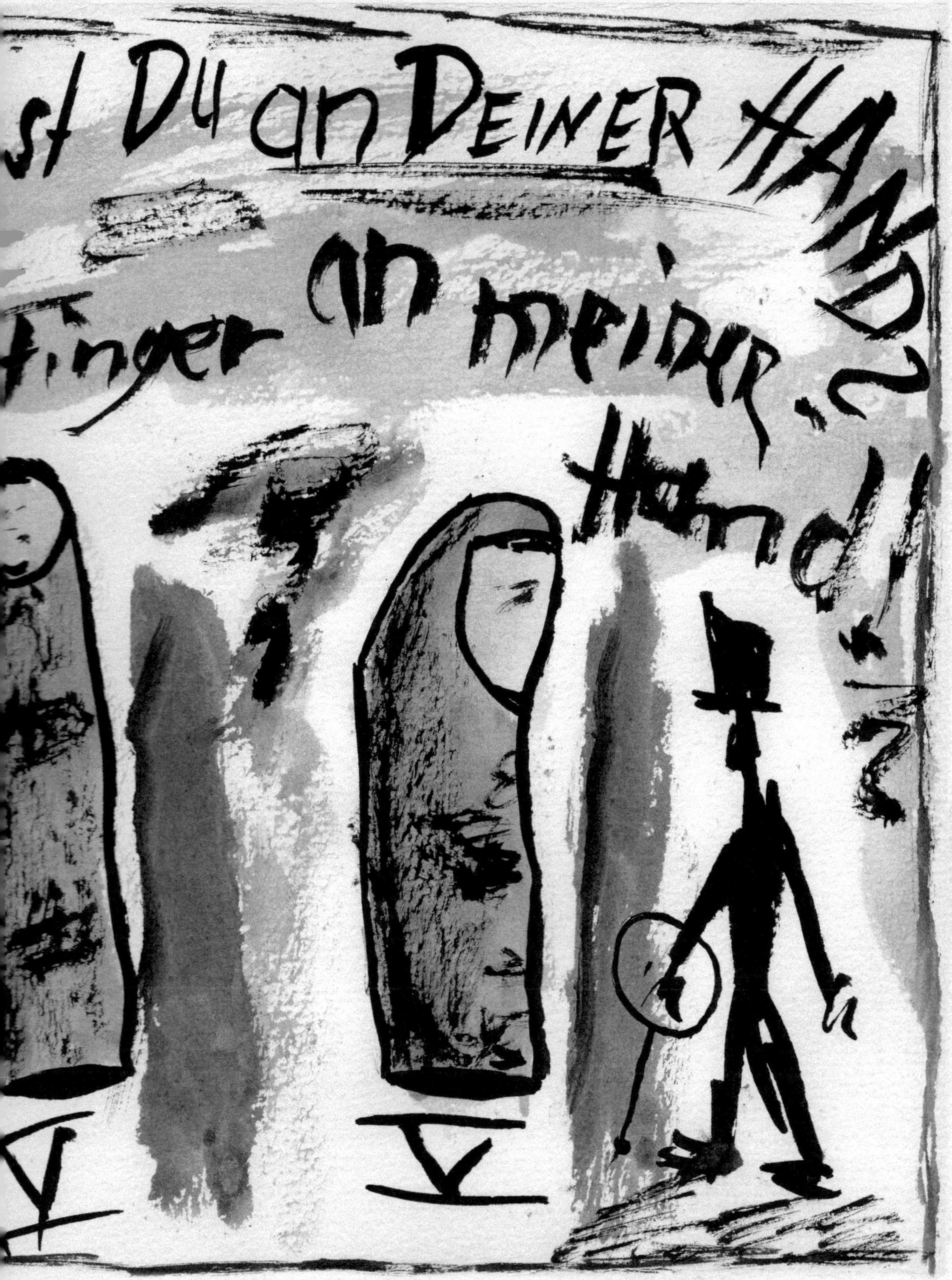

...st Du an Deiner HAND?

finger an meiner?

Hand!!

Es nicht zu WISSEN ist keine Schande für DICH

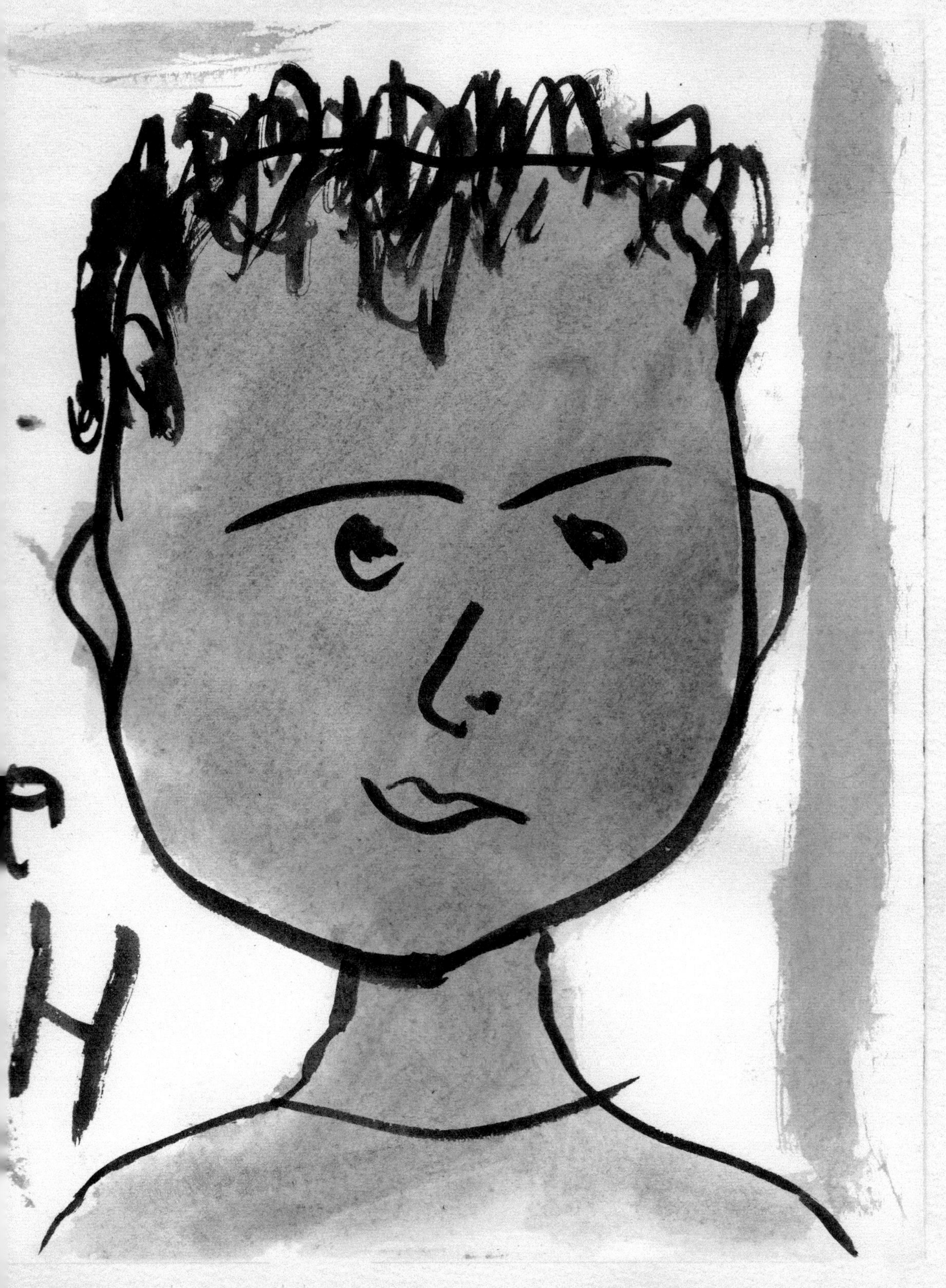

Es gibt nur wenige DAMEN. welche hatten gehabt

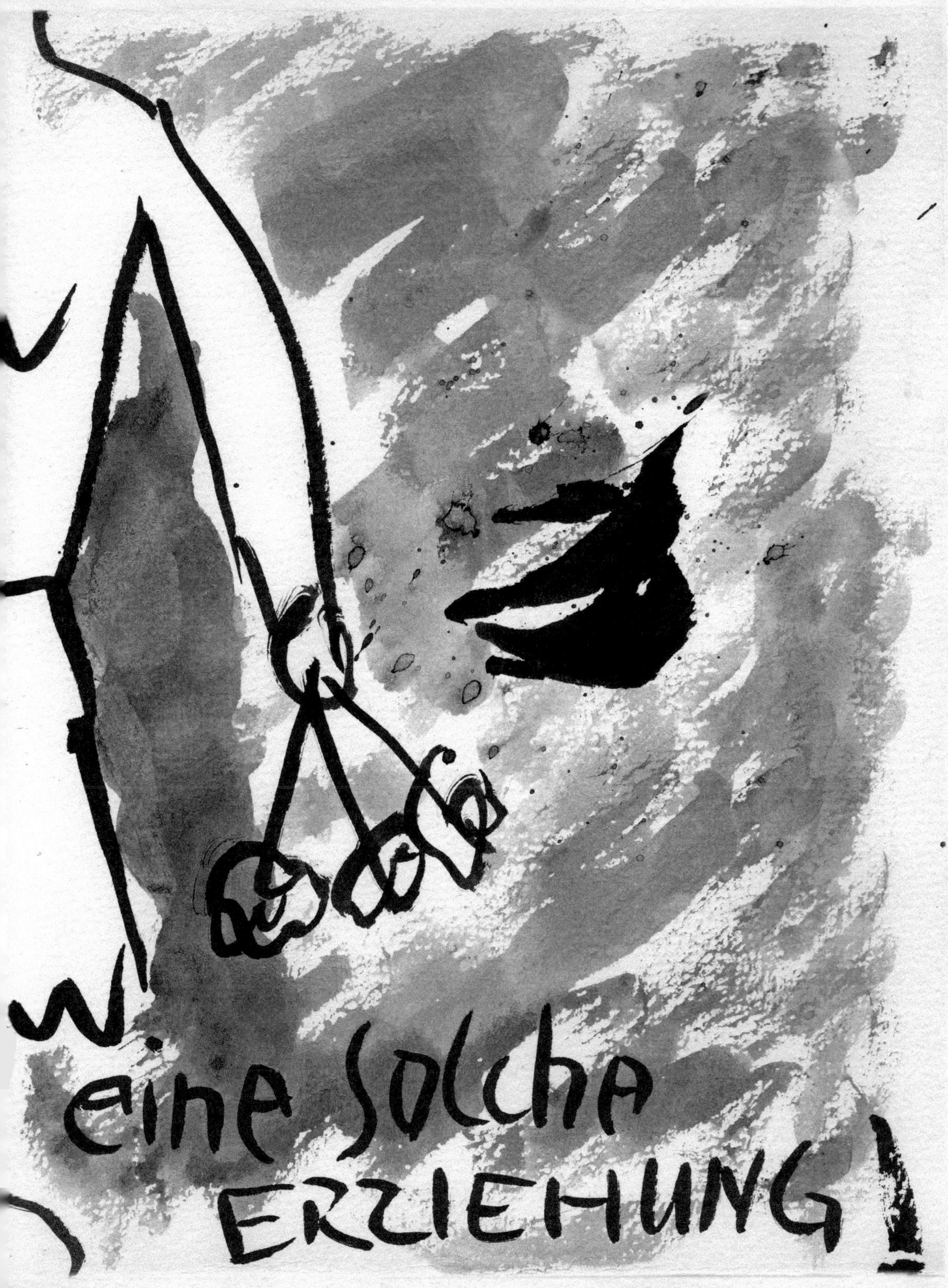

eine solcha
ERZIEHUNG

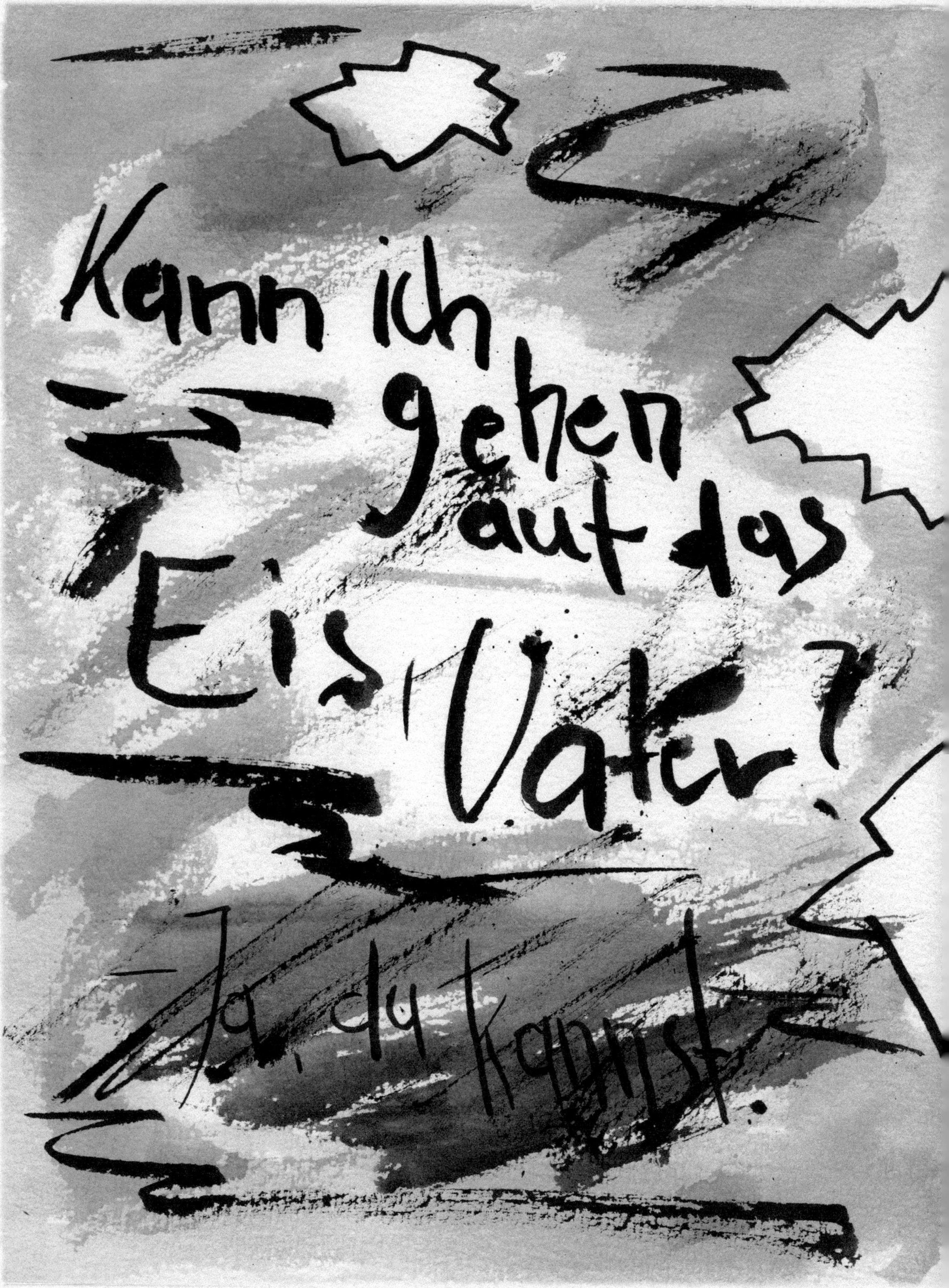

Kann ich gehen auf das Eis, Vater?
– Ja, du kannst.

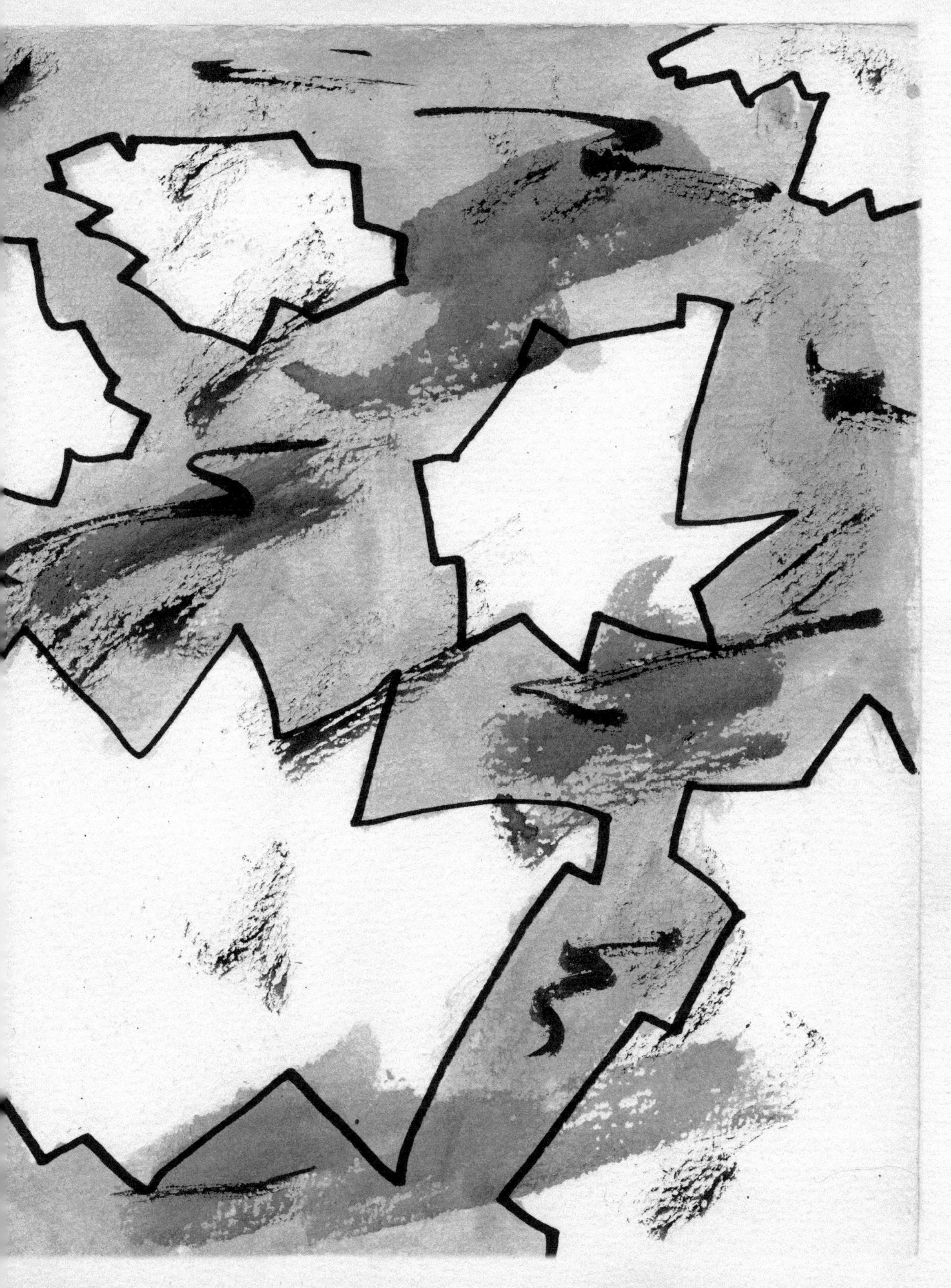

Er glitt aus,
und

brach sich seinen

fiel nieder

Linken
ARM

Auf dem Jahr-

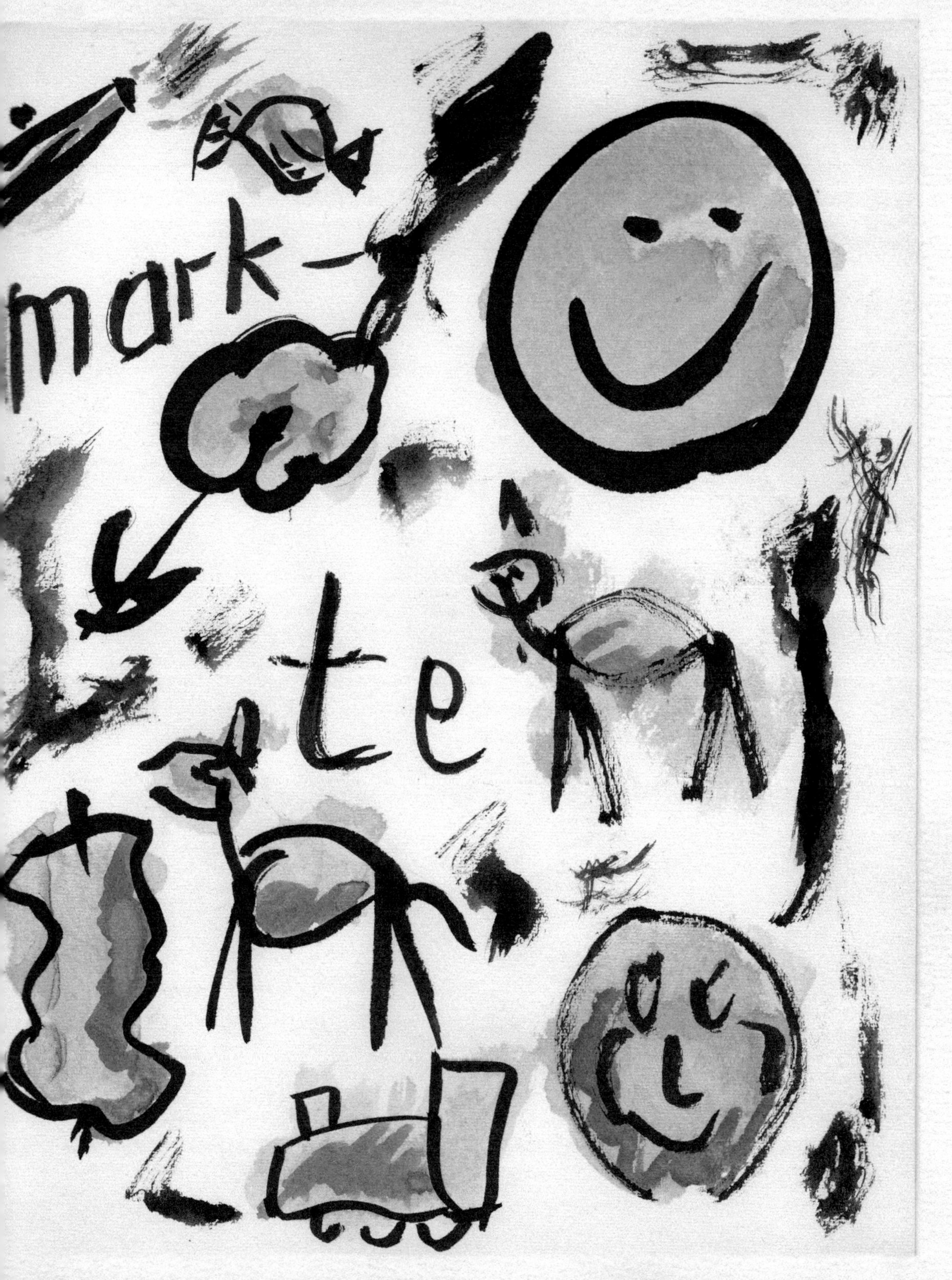

mark-
tern

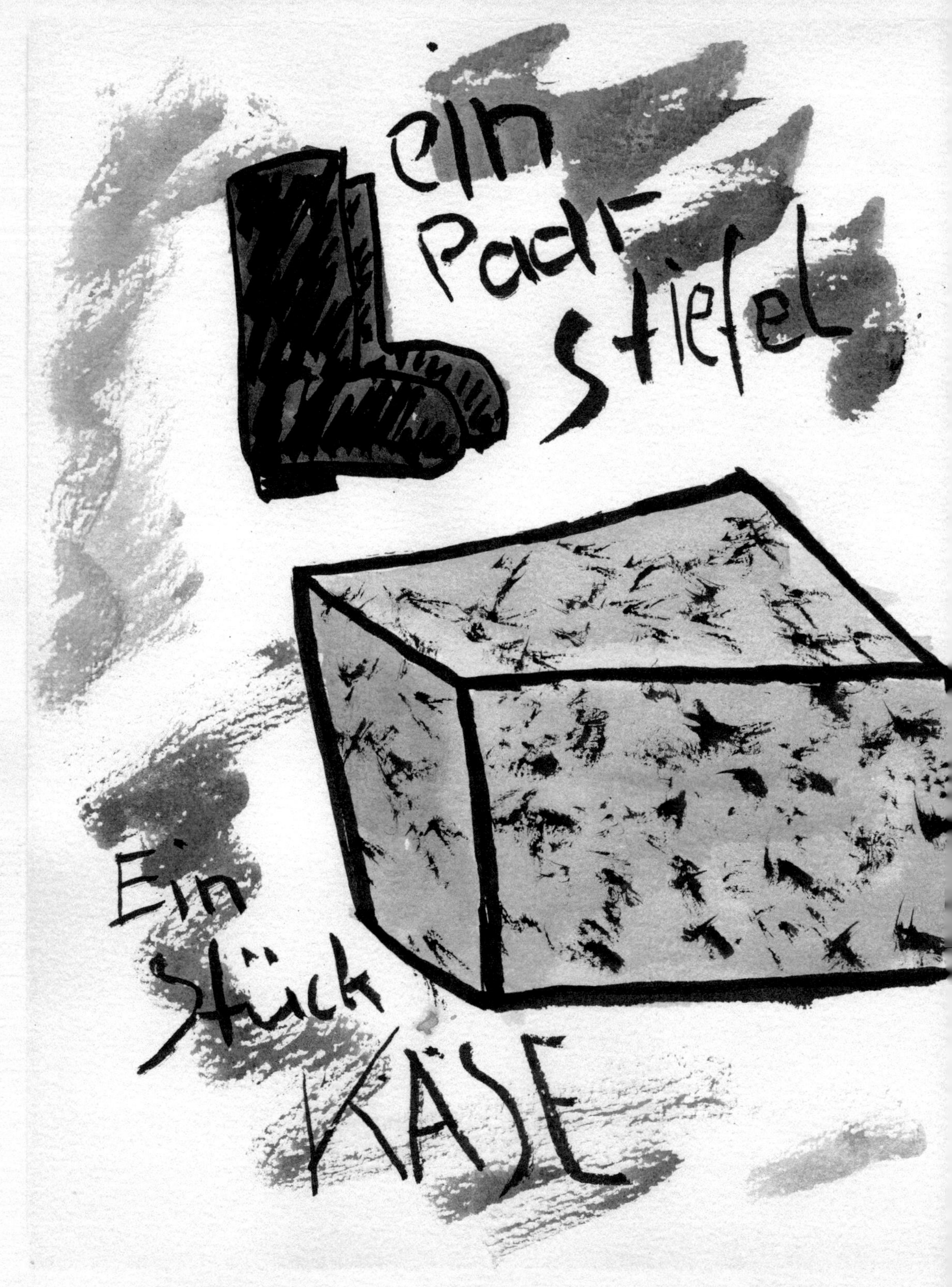

ein Paar-Stiefel
Ein Stück KÄSE

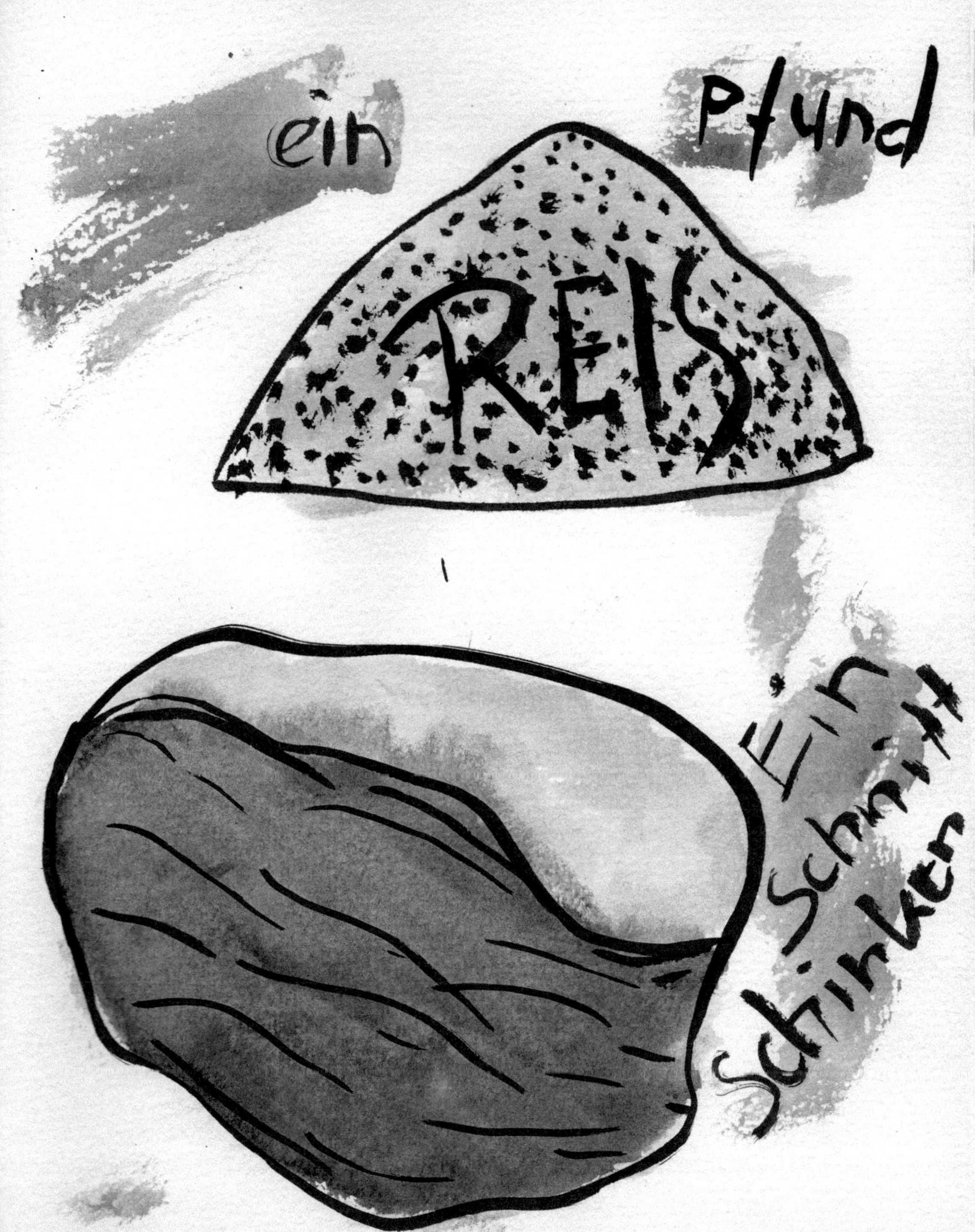

ein
Pfund
REIS
Ein
Schnitt
Schinken

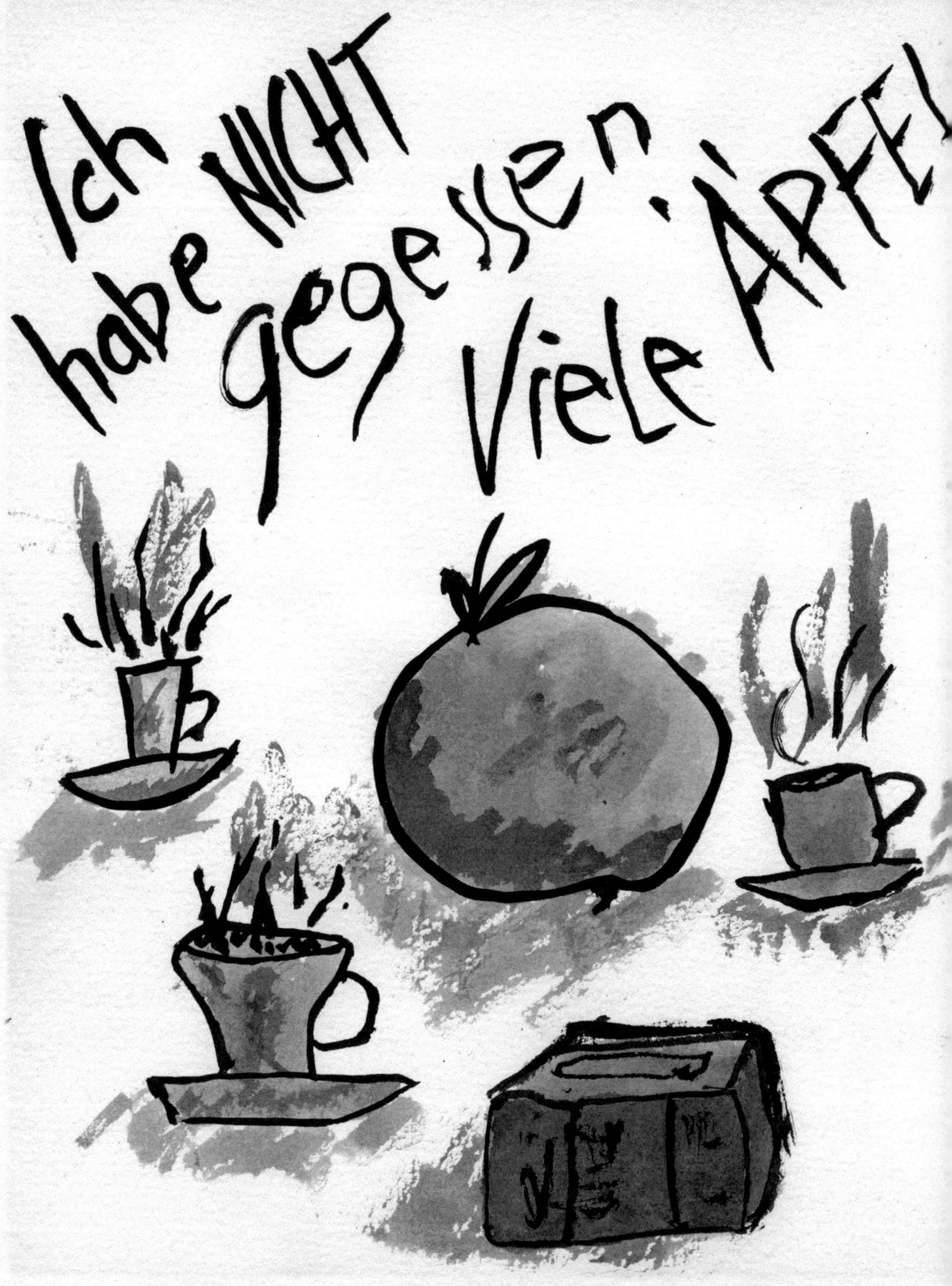

Ich NICHT
habe gegessen. Viele ÄPFEl

aber Ich habe
getrunken viel
Kaffeee

Das Kind hat verbrannt sich an der O

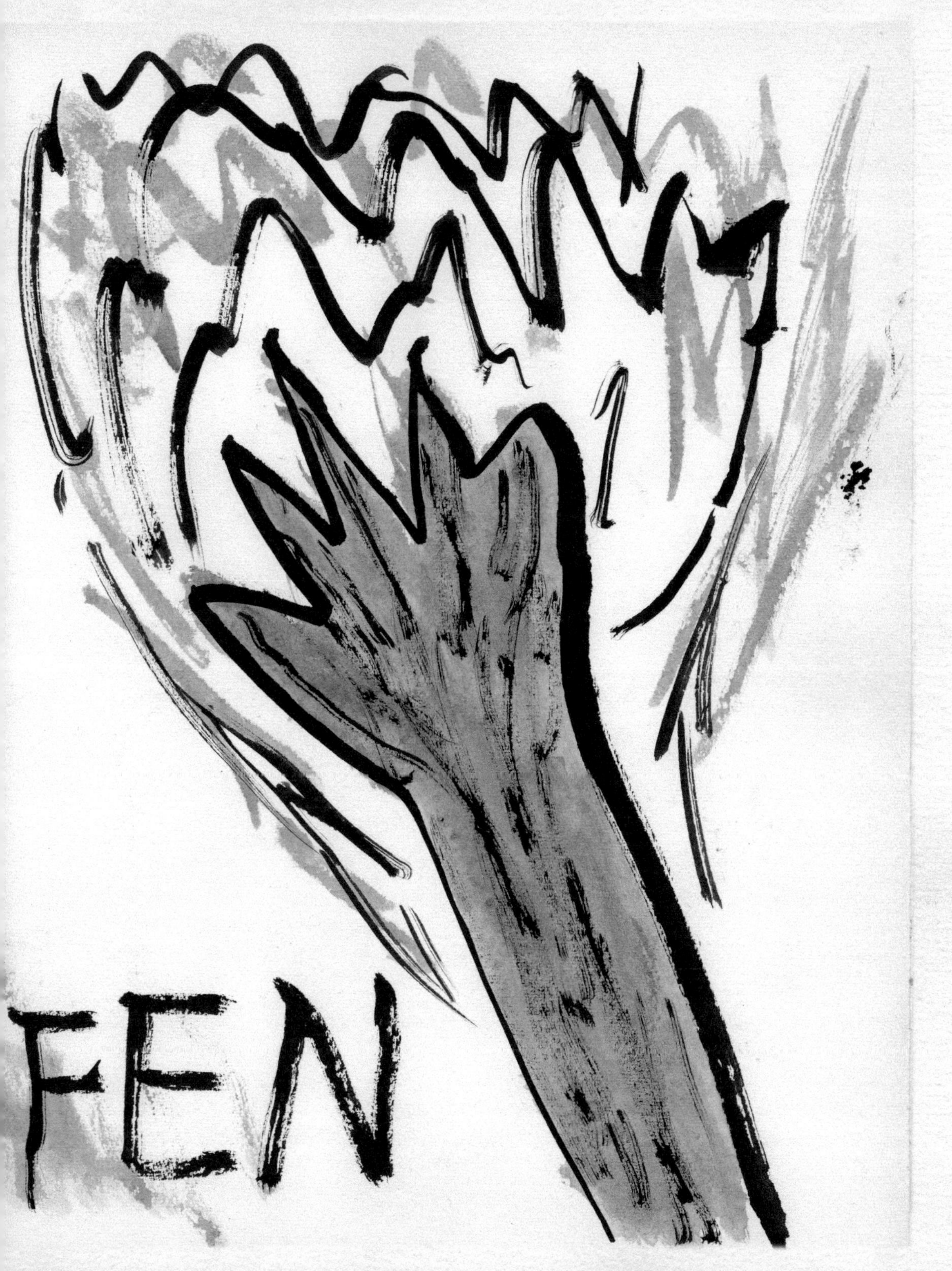

FEN

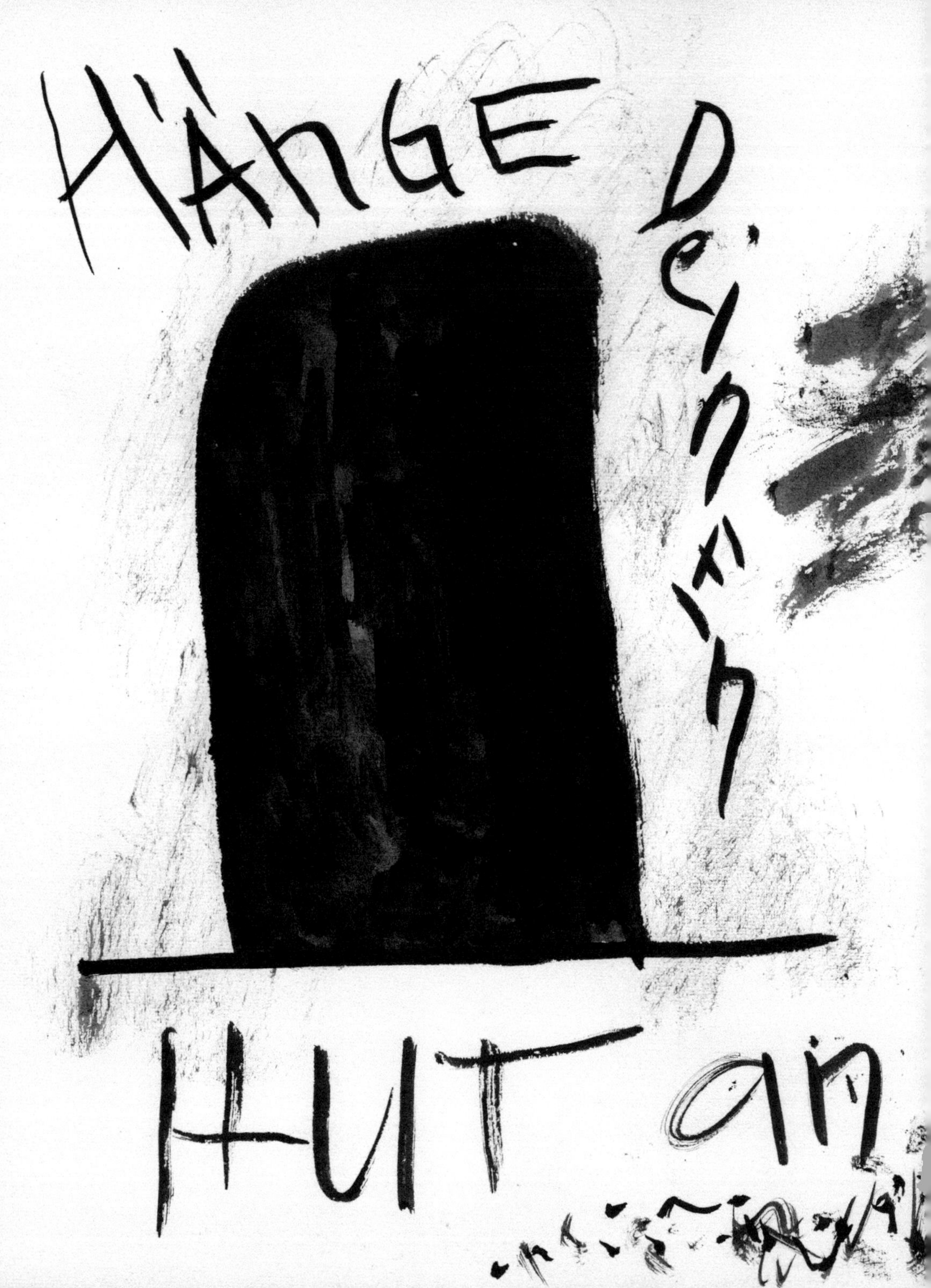

HÄNGE DEIN
HUT an

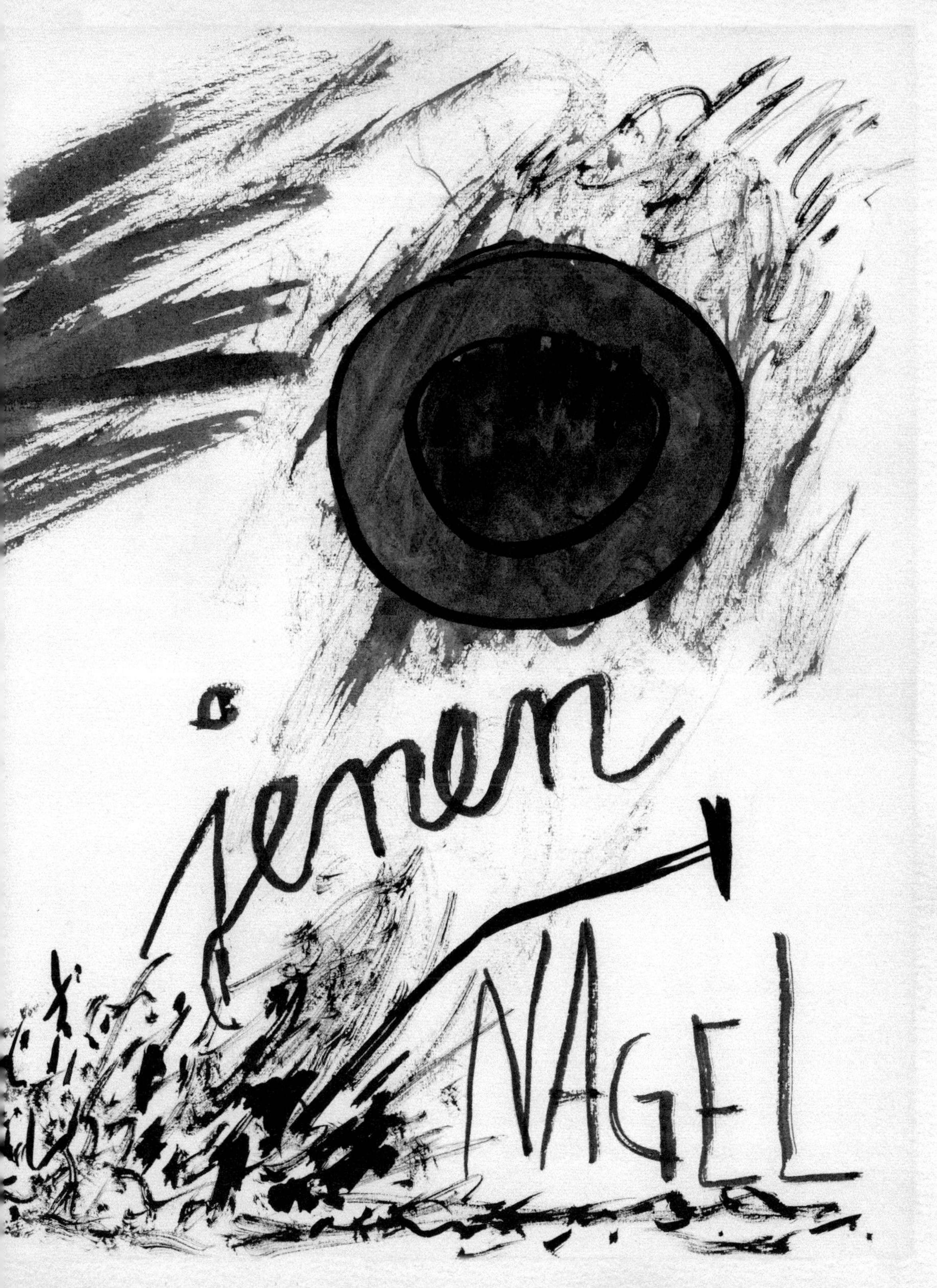

zenen
NAGEL

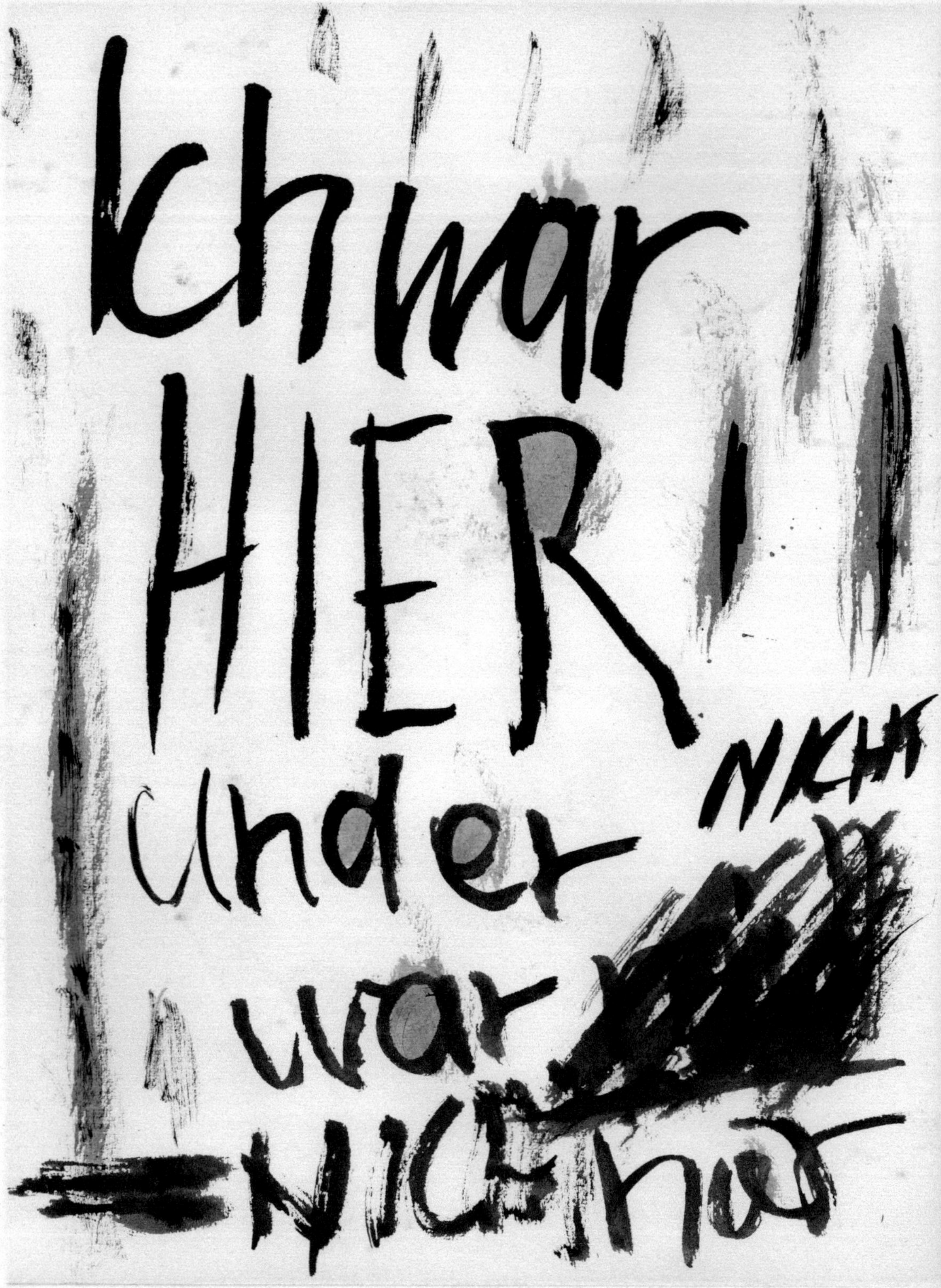

Ich war
HIER
under NICHT
war
NICHT

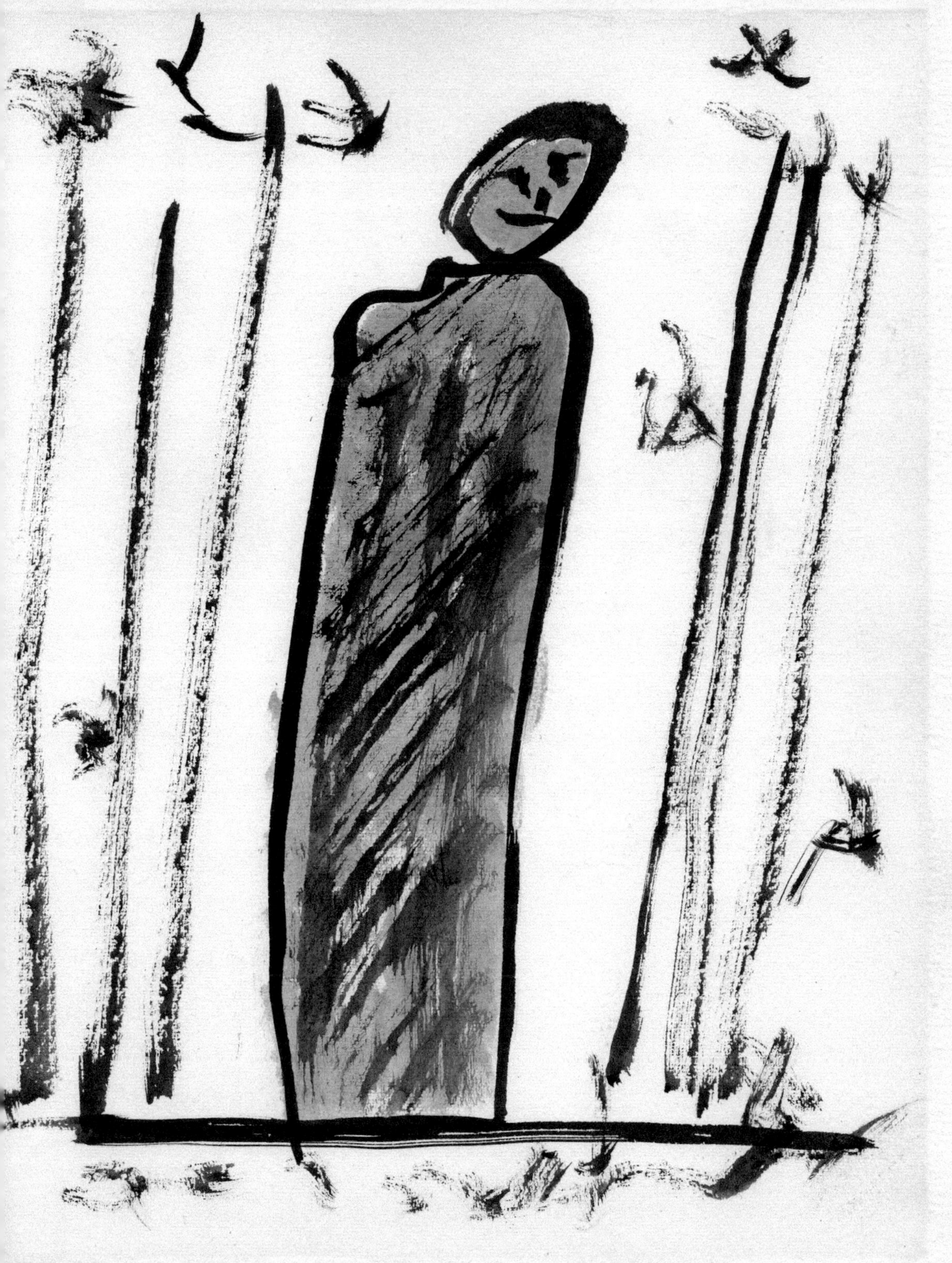

Ein
Geschöpf,
der Größe
nach
Nicht Ungleich
einer
MAUS

Das läßt mich
vermuten,
nicht bei
Sinnen ist

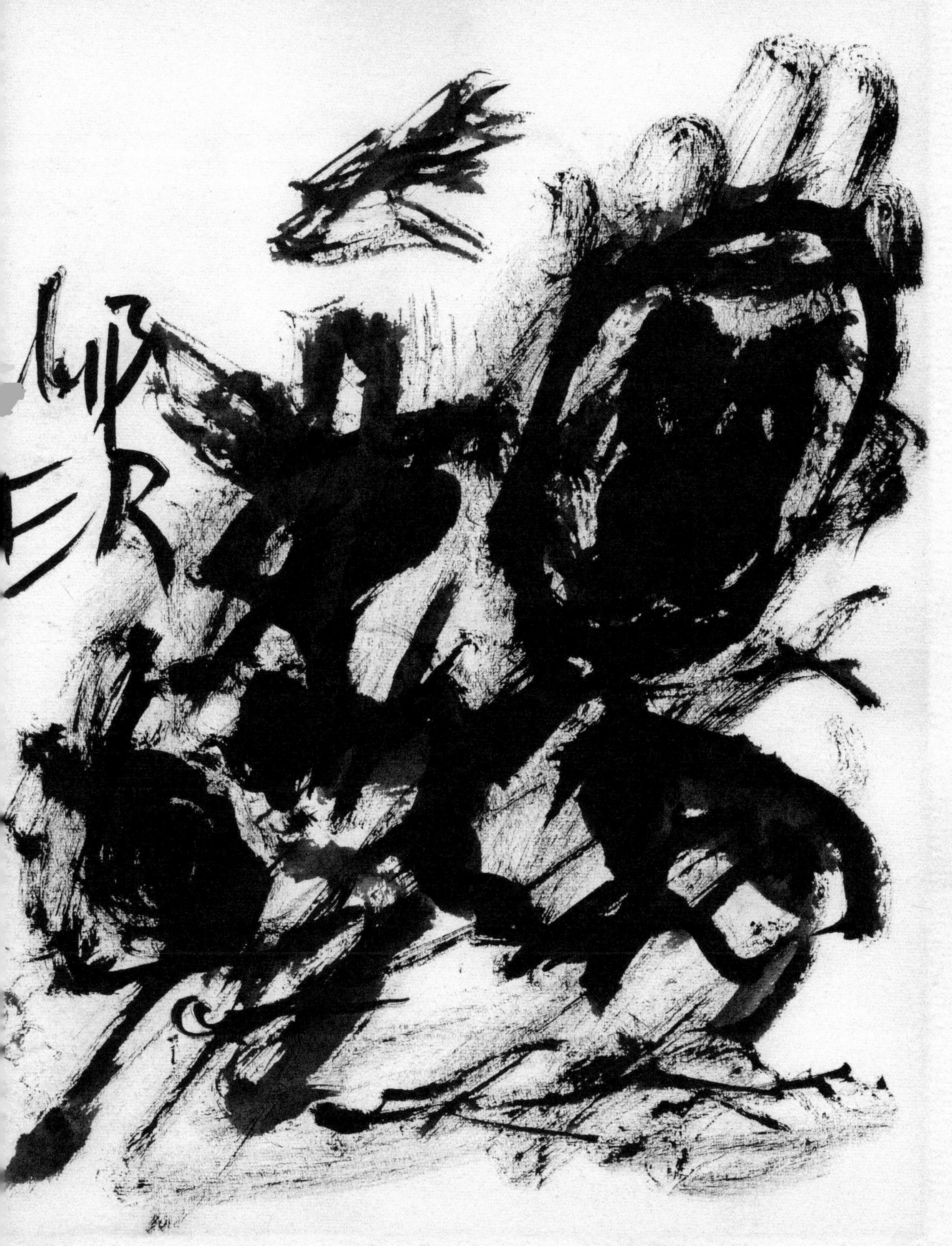

WORAN
DENKST
DU...

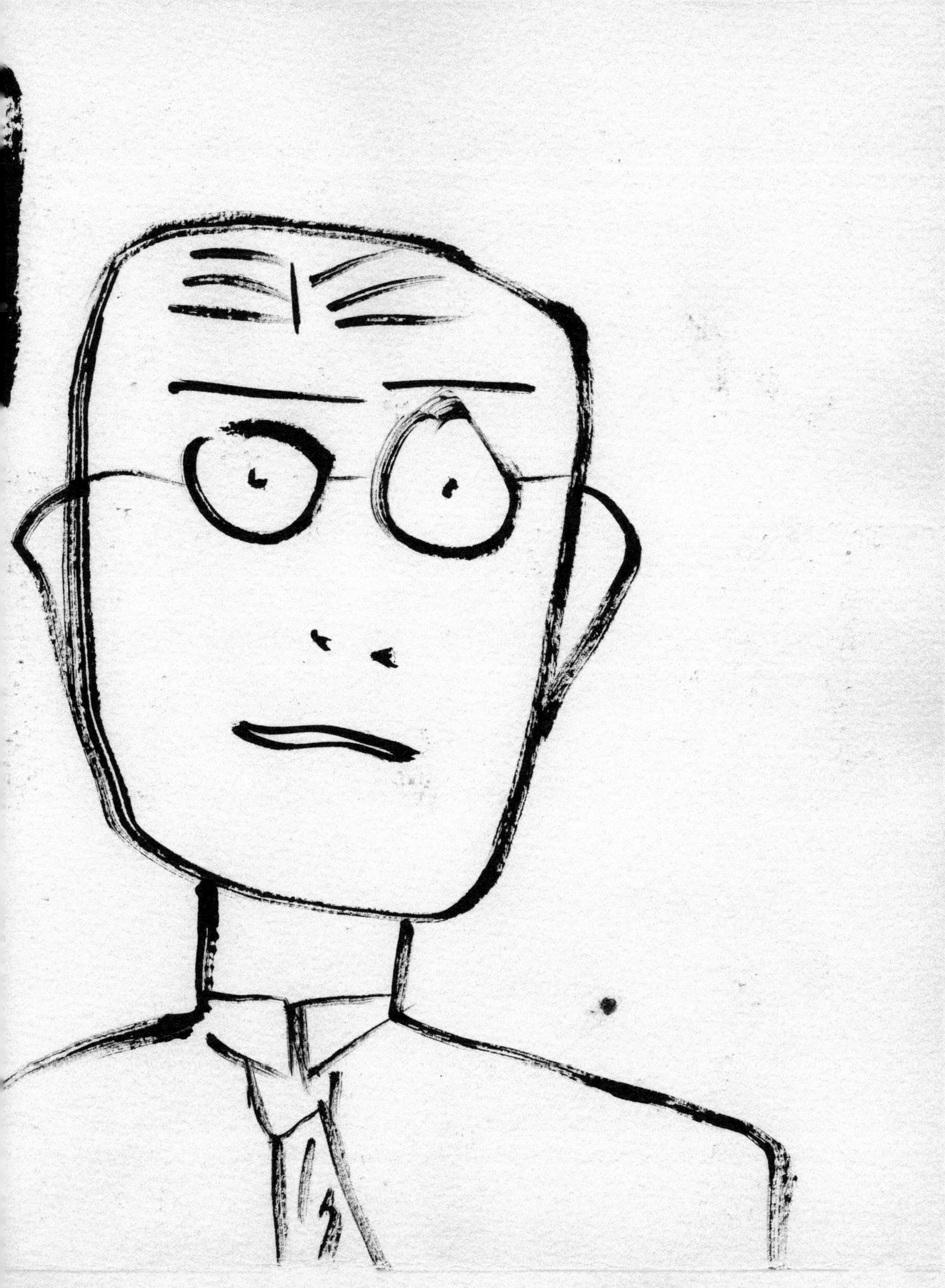

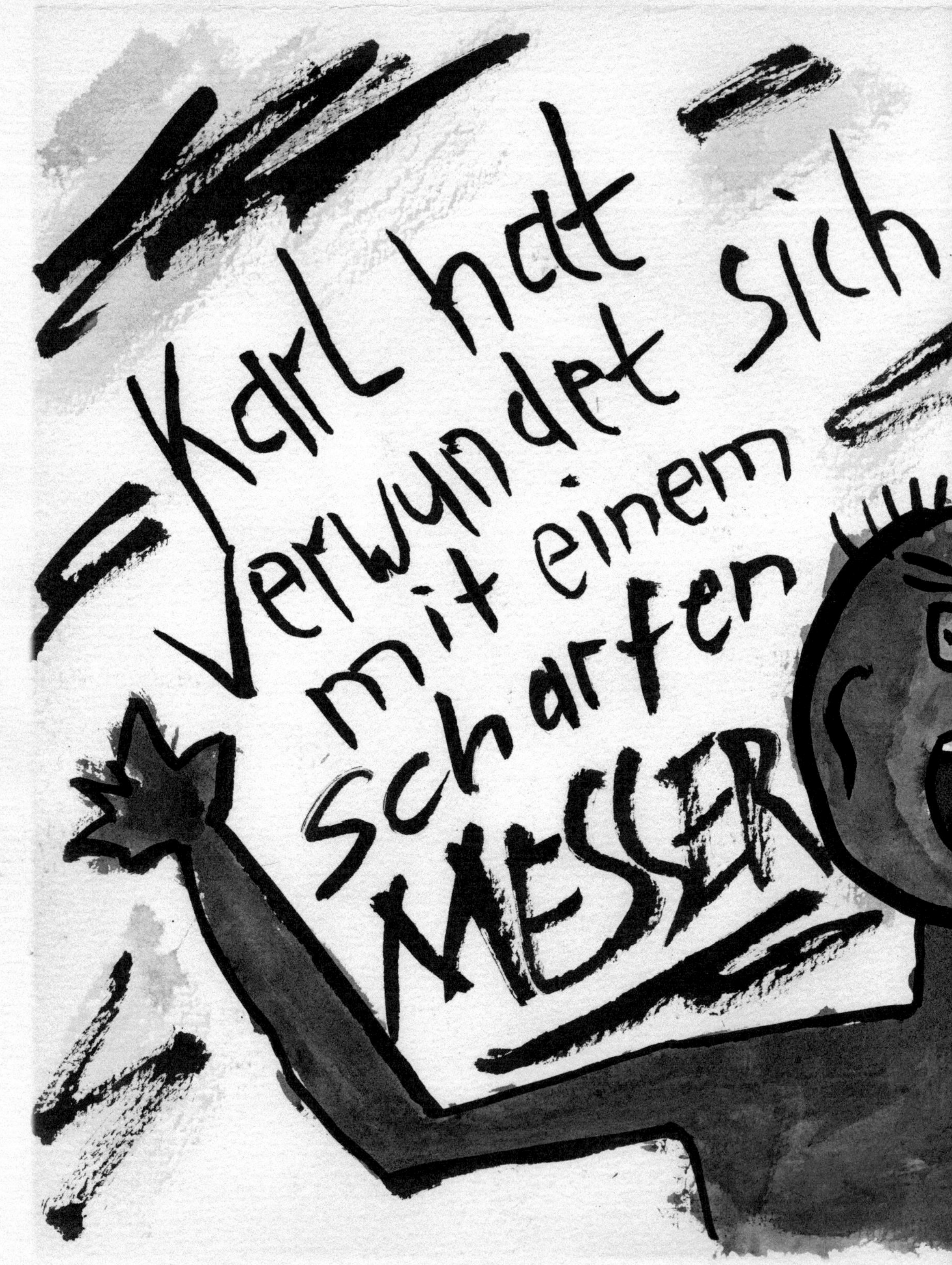

Karl hat sich
verwundet
mit einem
scharfen
MESSER

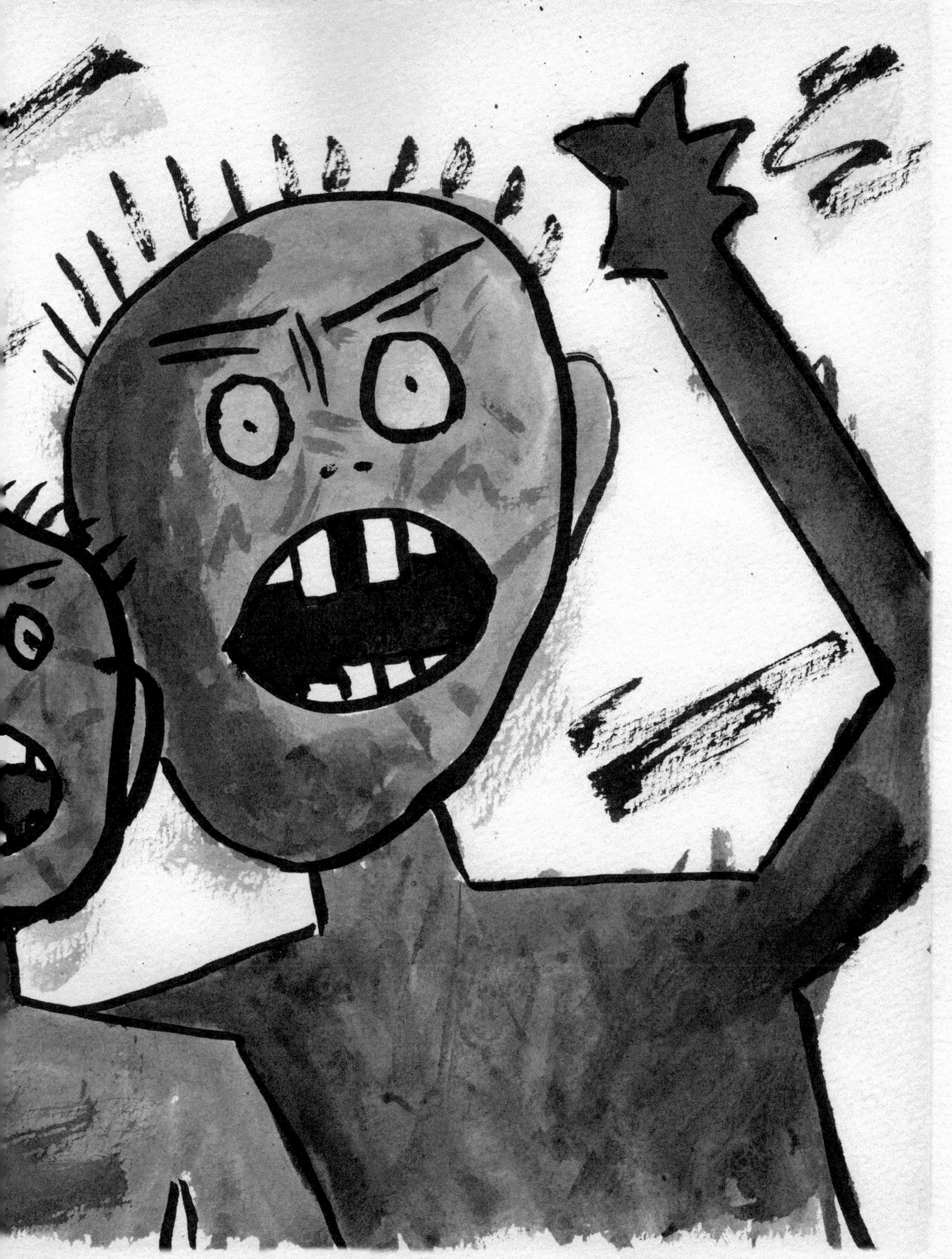

Rühmte sich nicht
ER
sich immer
seiner
Gesundhei

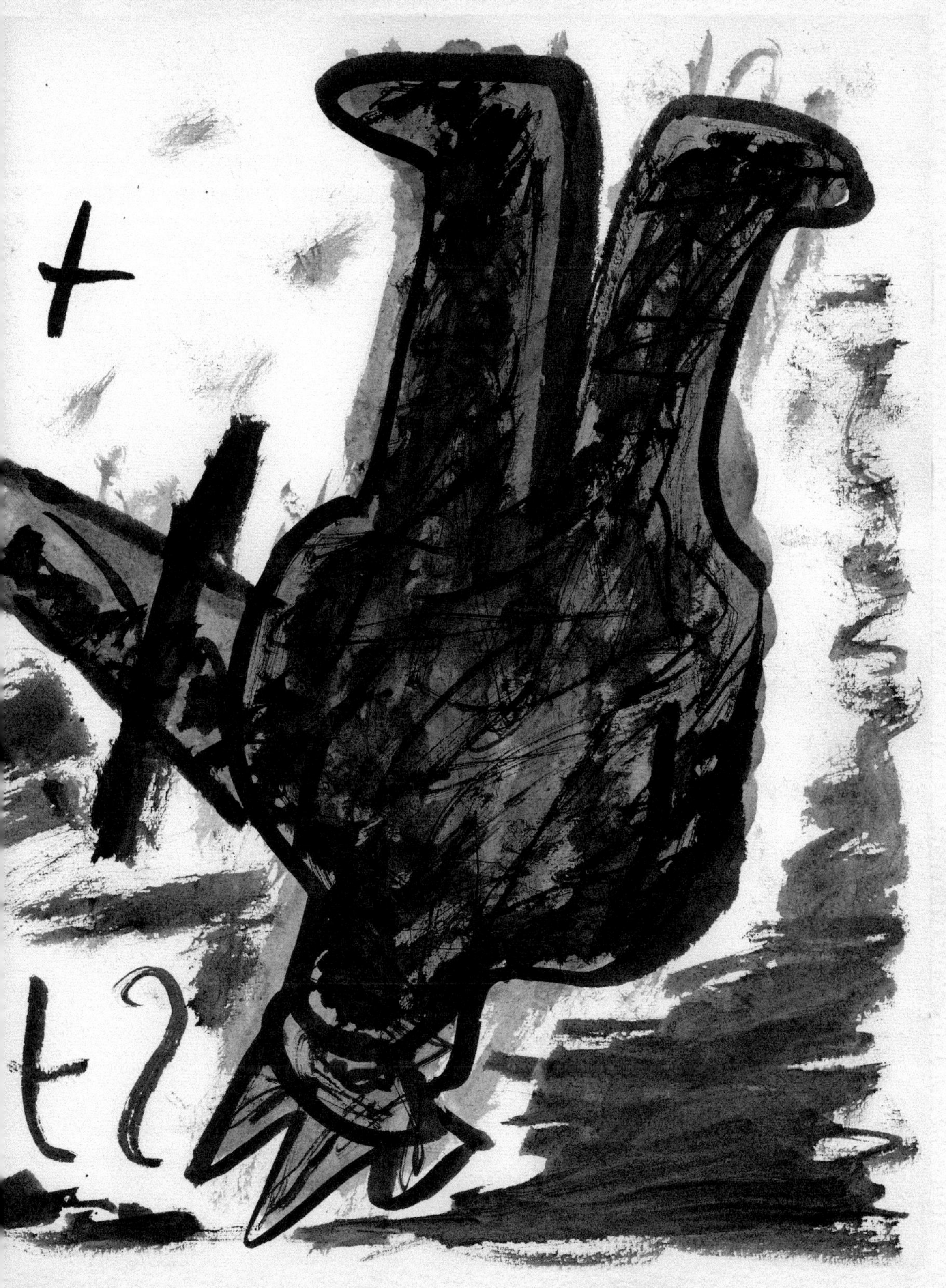

Seine ganze
Constitution
war
erschüttert,
er sah
bleich
aus
wieder
TOD

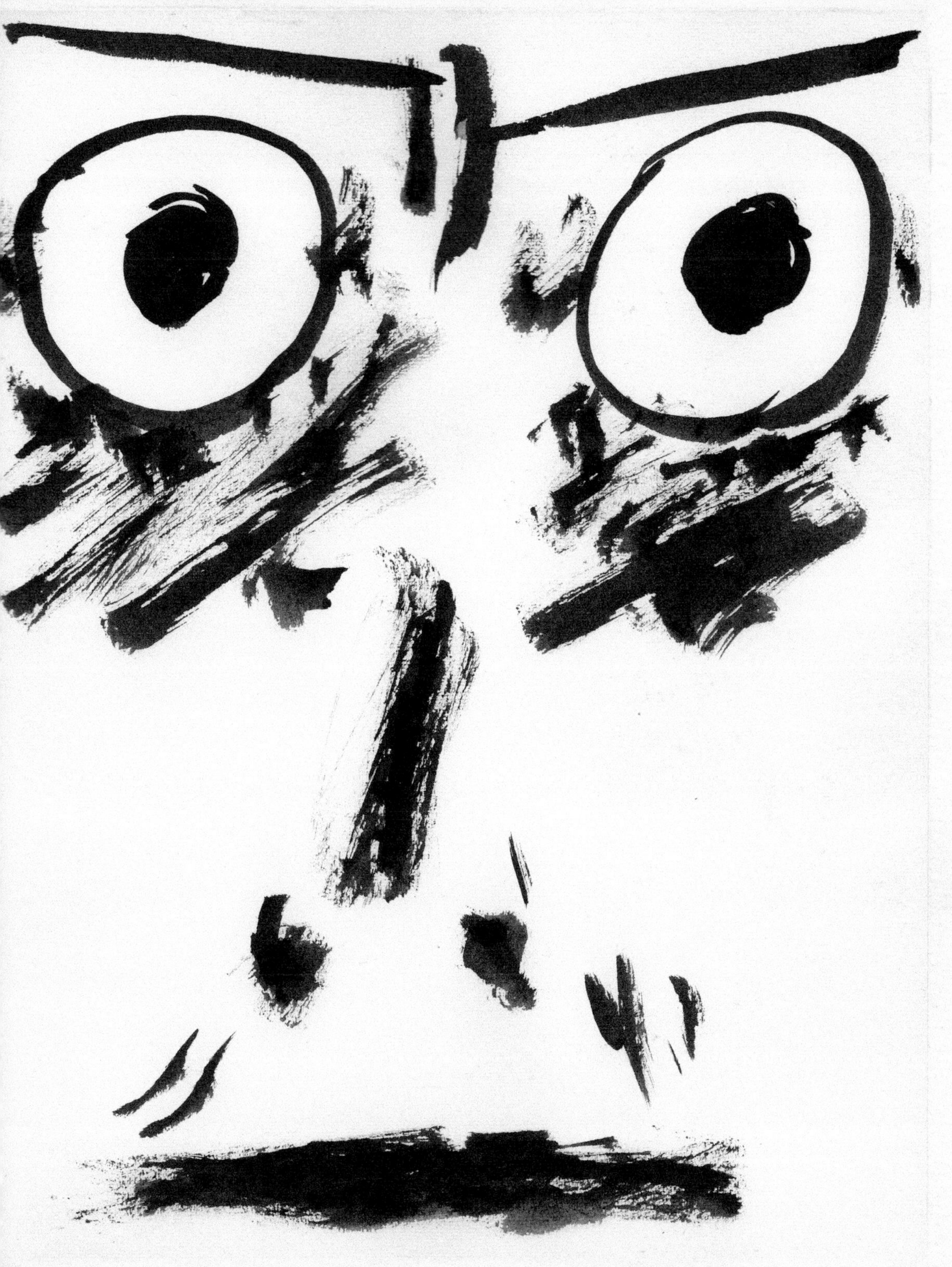

Offe
re
mit
ic
habe
keit
LUST, me
LEBEN zu

zu
len
Dir
4
n
wagen.

ER benimmt sich wie ein Ma
vo

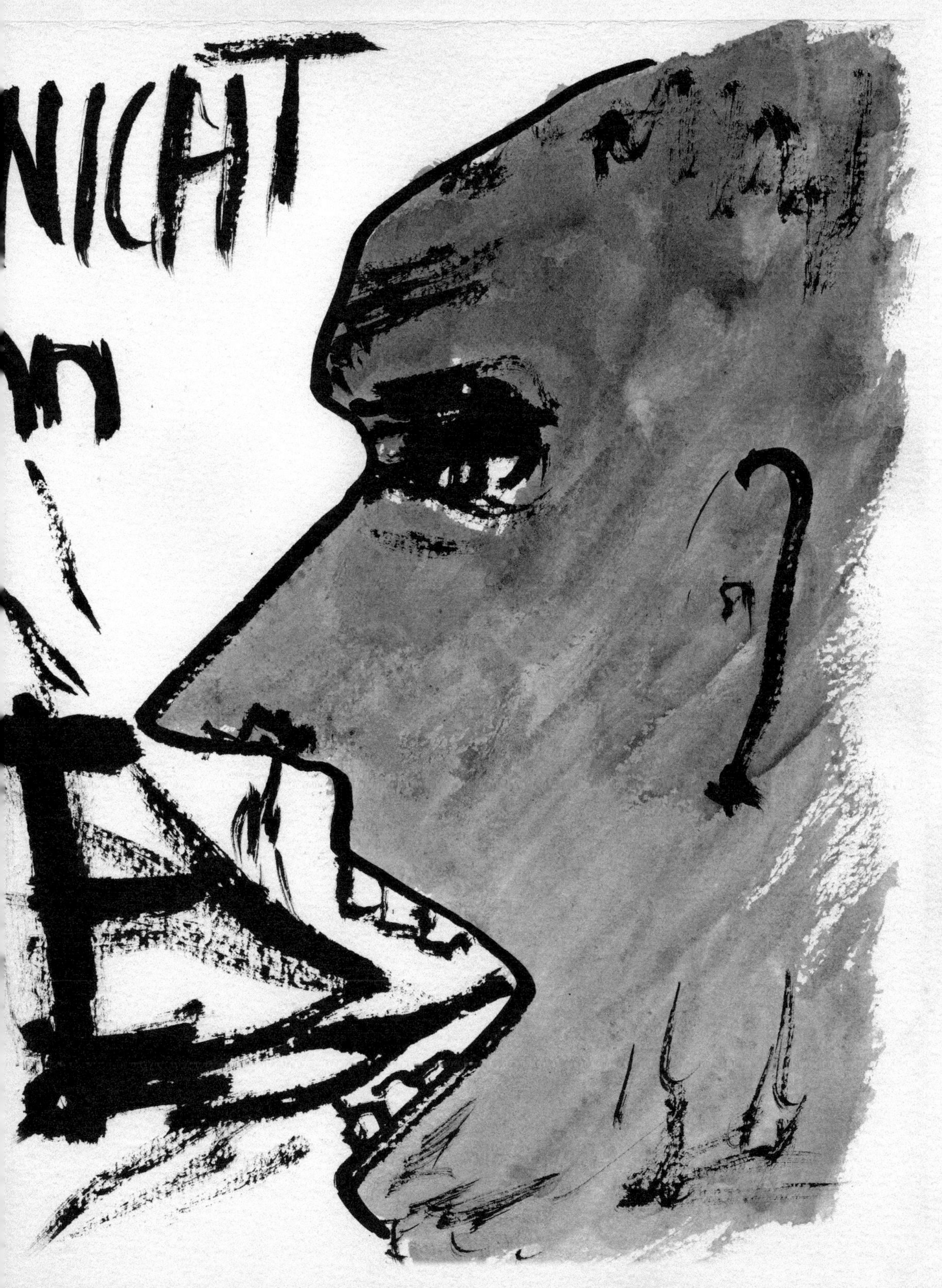
NICHT

ER VERSUCHTE SEINEN ~~DEN~~ KOPF ÜB

DEM WASSER ZU ERHALTEN !

Entschuldige[n] S[ie]
AUGENBLICK
me[in]

e mich einen
Herr.

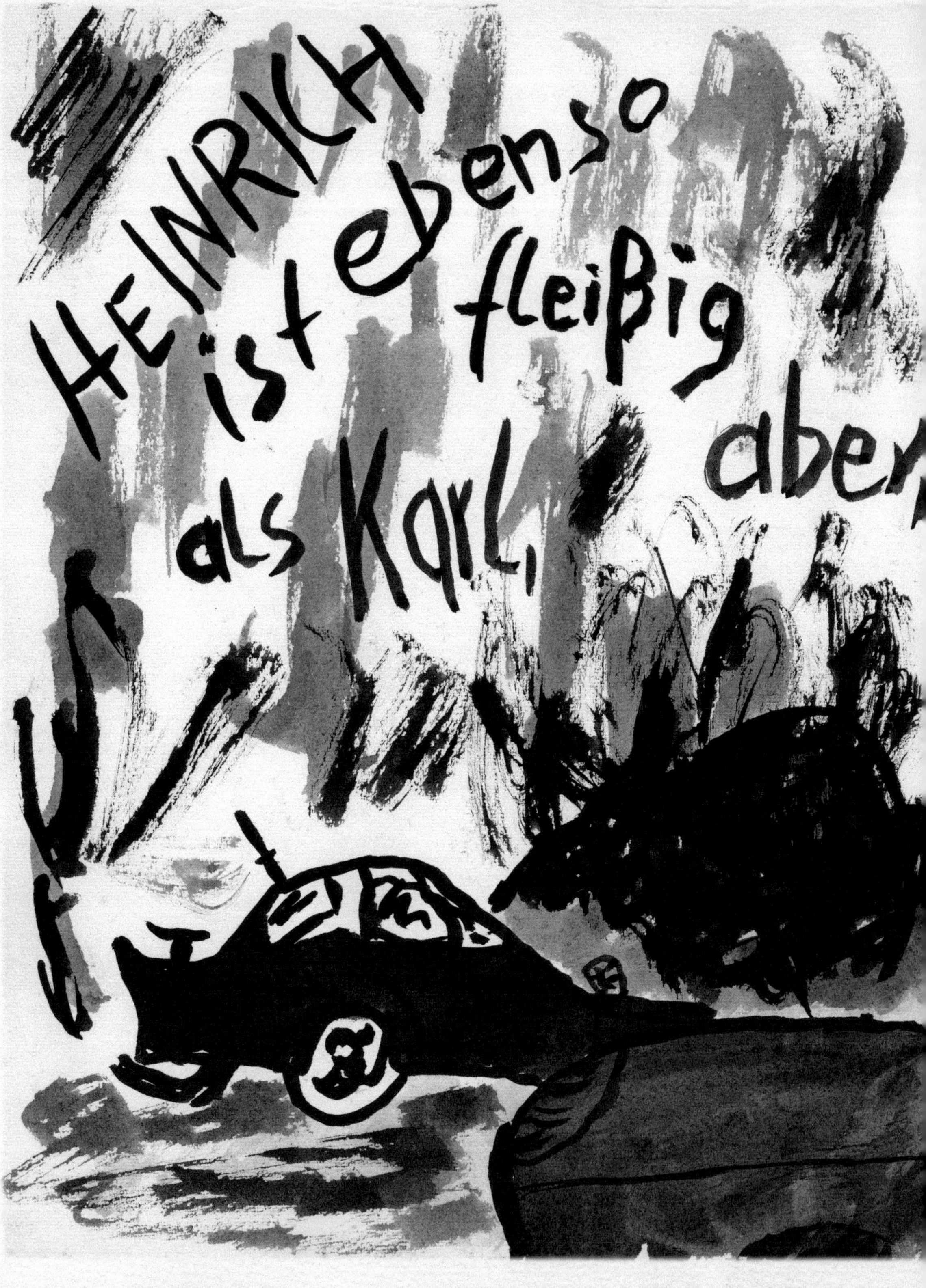

HEINRICH ist ebenso fleißig
als Karl, aber

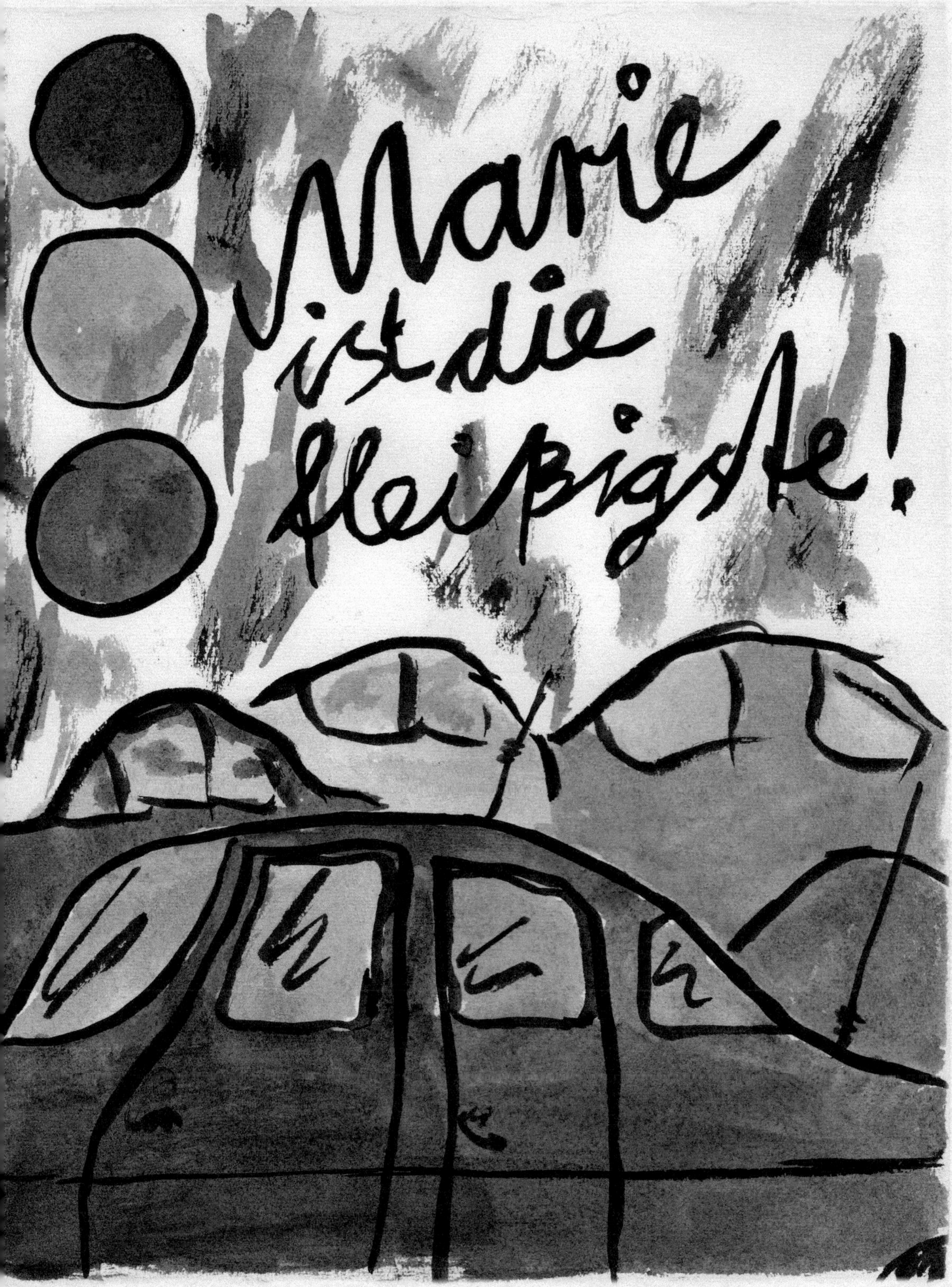

Marie ist die fleißigste!

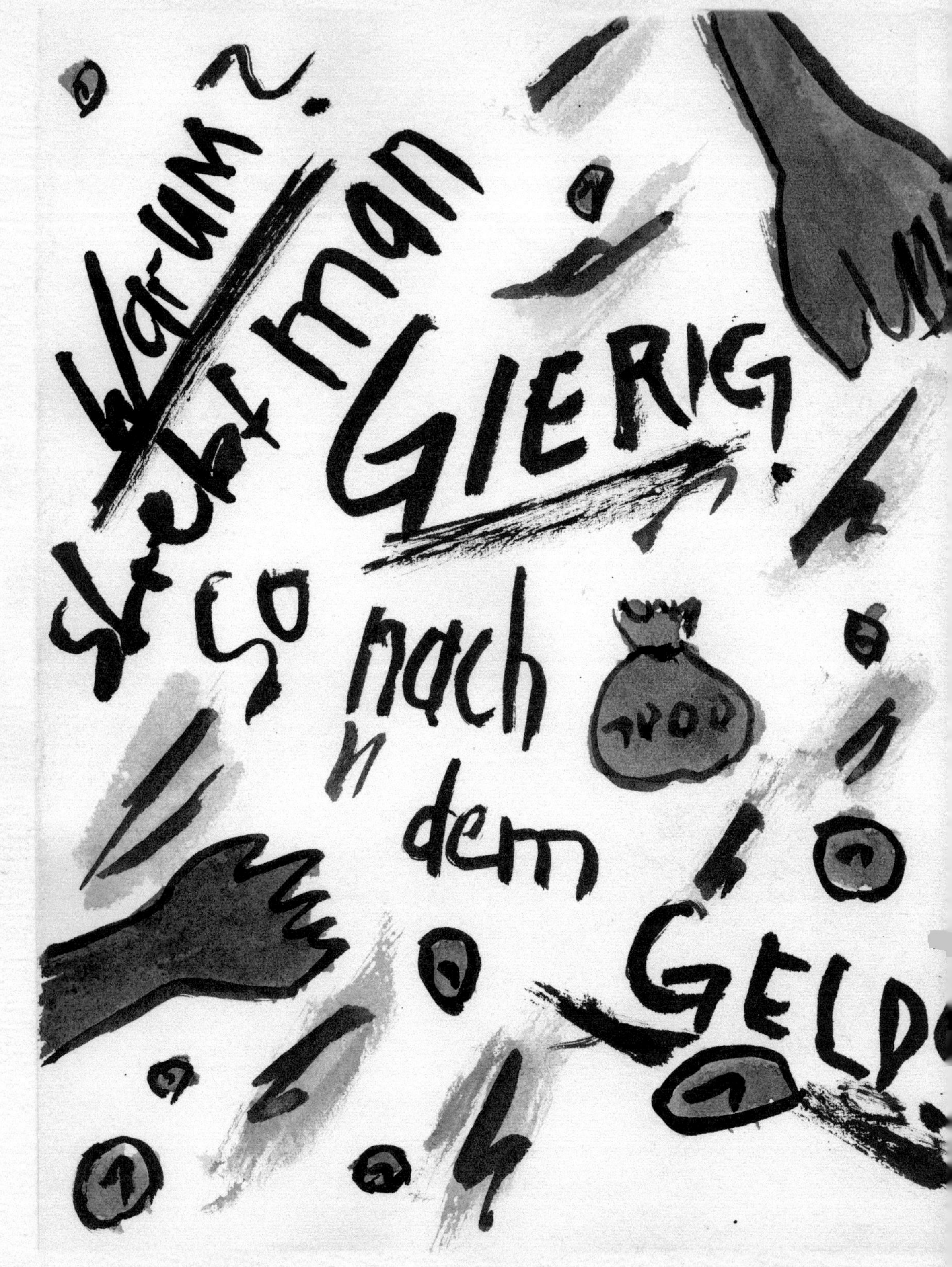
warum
steht man
GIERIG!
so
nach
dem
GELD

weil in der gegenwärtigen Zeit man ge-Achtel wird im Verhältnis zum Vermögen.

Wir wußten nicht, was wir tun sollten!

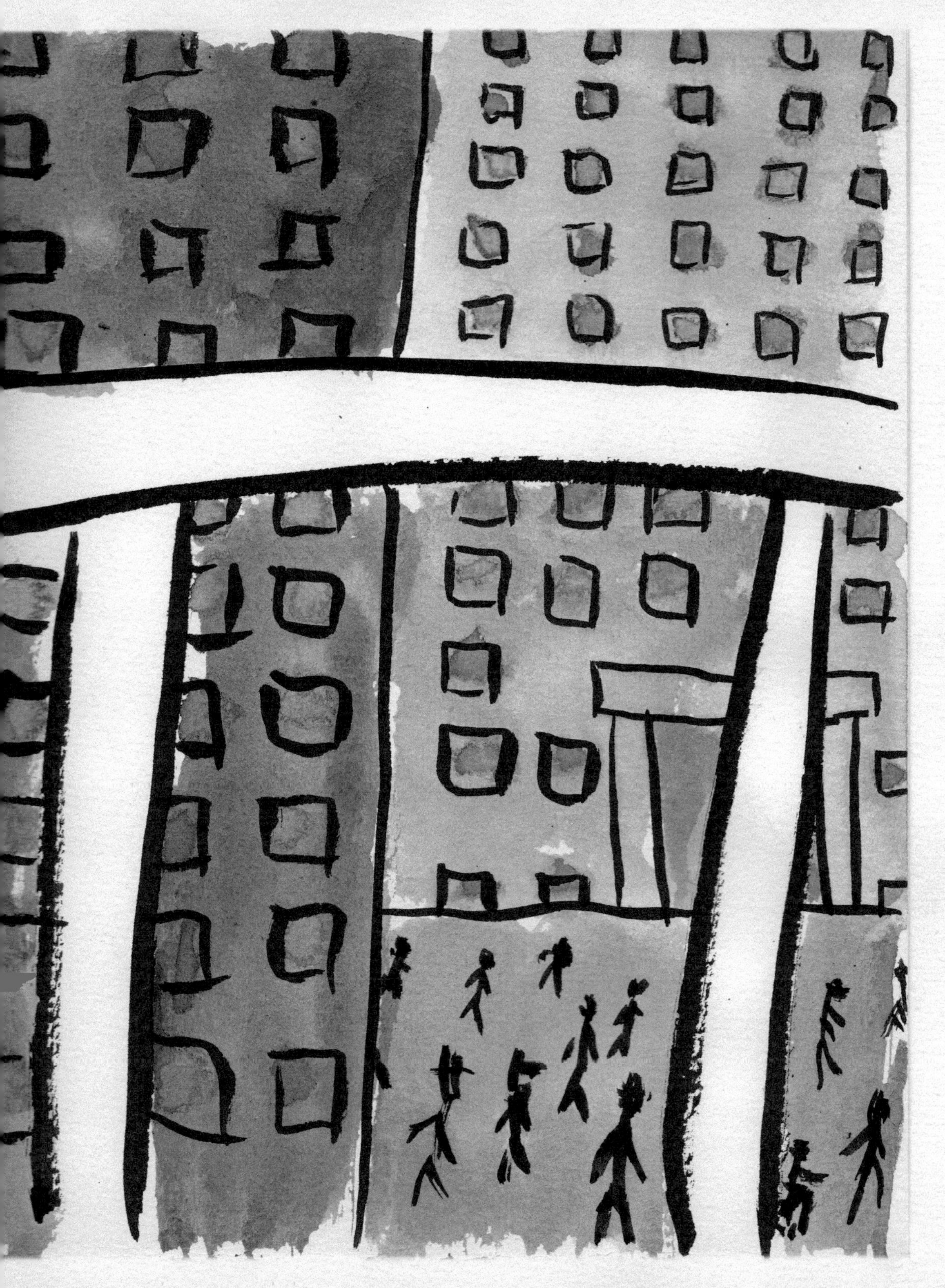

Wollen Sie
trinken
ein Glas
Wein?

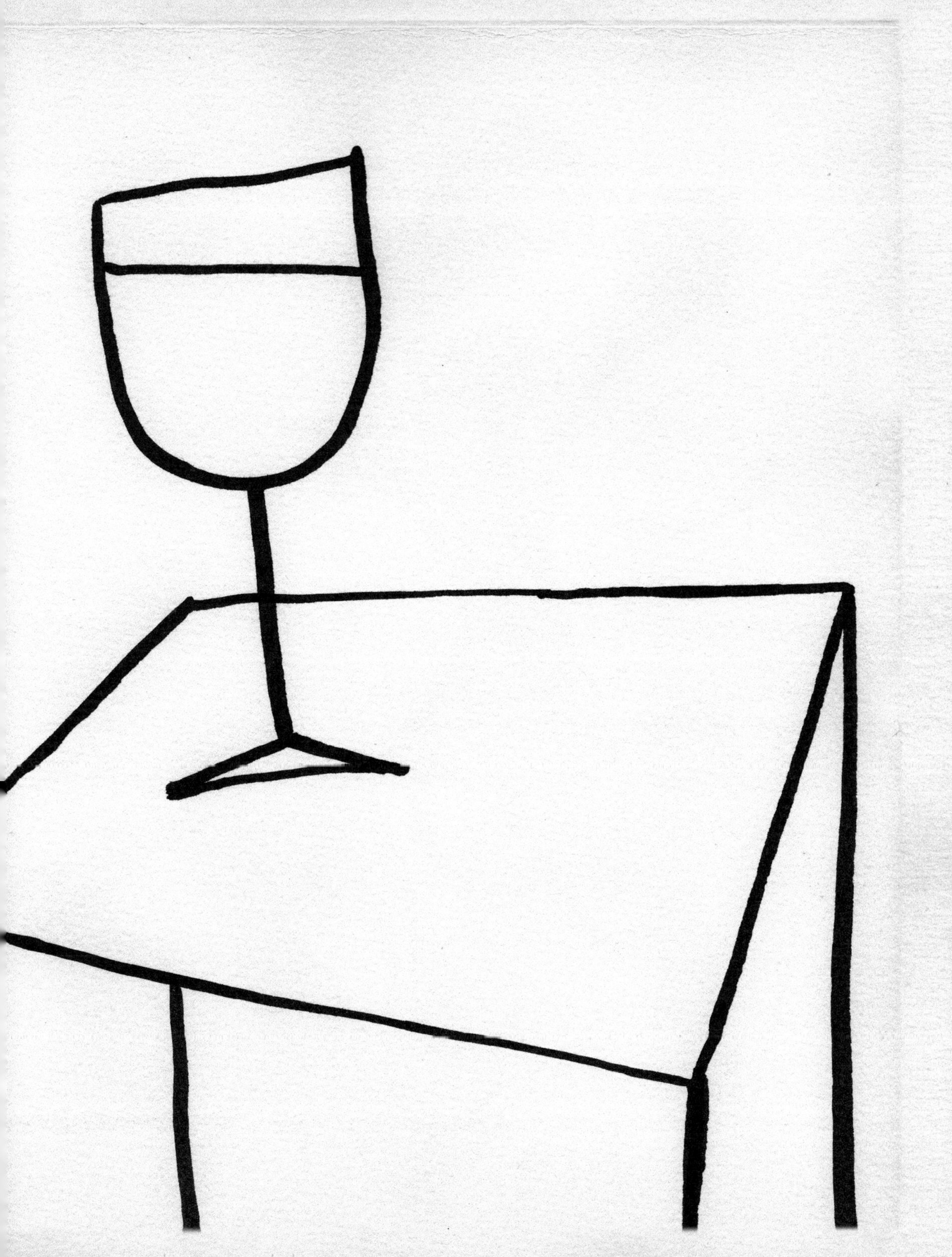

Ansgar van Zeul wurde am 5.März1954 in Detmold als zweiter Sohn
des Apothekers Willem van Zeul geboren. Seine Mutter Ingeborg van
Zeul (geb. Bach) unterhielt einen lebendigen intellektuellen Salon. Hier
verkehrte auch der bekannte Altphilologe Manfred Fuhrmann. Ihm ist es
zu danken, dass van Zeul sich gegen seinen Vater durchsetzten konnte,
der für den Sohn ein Pharmaziestudium in Bonn gewünscht hatte.

Nach dem Abitur am Gymnasium Leopoldinum studierte van Zeul an der
Freien Universität Berlin Japanologie und Philosophie.

Umfangreiche Untersuchungen zur rationalen Translation des Soto-Zen
und zur dystopischen Empathie in evasiven Systemstrukturen waren
Schwerpunkte seiner wissenschaftlichen Arbeit.

Zahlreiche Studienreisen führten ihn ab 1987 nach China in die
Provinzen Hunan und Guizhou und nach Japan. In Kyoto trifft van Zeul
den Buddhologen Yanagida Seizan. Eine hochemotionale, prägende
Begegnung, die einen bleibenden Einfluss auf van Zeuls Denken hat.

Ab 1993 entstehen, ausgehend von kleinen Suibokus zur
Selbstvergewisserung, zahlreiche Zeichnungen und Objekte. Mit Hilfe der
zeichnerischen Arbeiten und dem Mittel des Koan gelang es van Zeul,
eine schwere persönlich Krise zu überwinden.

In der Folge entwickelte sich ein umfangreiches grafisches Werk,
das in seiner Vieldeutigkeit und kompromisslosen Individualität einen
herausgehobenen Platz einnimmt.